바람의 음색

이미순 시집

교음사

시인의 말

봄바람이 얼굴을 스친다. 산에 올라 바람맞이 할 때가 내게 있어 가장 행복한 순간이다.

나이 들면 우아하게 살고 싶었다. 분홍빛만 눈에 넣은 채 살고 싶었는데 삶이 그리 녹록한 것이 아님을 깨달았지만 막상 반백을 넘어 중년이 되자 내가 살아야 할 이유들이 더 생기더니 강산이 바뀌는 동안 점점 오래 살고 싶은 핑계는 늘어만 간다.

꼼지락거리던 밤톨이가 이제는 고사리 같은 손으로 "할미 사랑해"하며 하트를 내밀고 윙크하는 모습에 나의 감성과 이성을 깨우는 또 하나의 글을 써야겠다는 새로운 다짐, 사람들의 가슴에 시원한 바람으로 다가갈 수 있기를 바라는 마음으로 스스로에게 짐을 지워놓고 전전긍긍 한다.

산책길에서 만난 도도하고 눈부신 철쭉꽃도, 초라한 노인의 깊은 주름살의 고뇌와 아픔도 생의 한 존재이고 한 자락임을 인정할 수 있는 조금은 비워낸 여유로운 마음임에 다행이고 고맙게 생각한다.

이번 제4집은 경남문화예술진흥원 창작기금에 선정되어 『바람의 음색』을 발간하게 된 것은 정말 나에게 큰 행운이다. 반환점 없는 뜀박질 누가, 언제, 어떻게 될지 아무도 모른다. 백 원짜리 동전 하나도 굴러갈 때는 앞뒤가 어떻게 바뀔지 아무도 모르는 일, 이렇게 행운이 오기까지 묵묵히 지켜봐준 동갑내기 내 옆지기에게 고마움을 전하며 이 책이 출간될 수 있도록 경남문화예술진흥기금에 애써주신 이민호 선생님, 또 매주 창작 공부에 열의를 보여주신 전문수 교수님과 해설을 맡아주신 20년 지기 같이 글을 써 온 김영곤 시인님께 감사의 말을 전하고 싶다.

2022년 오월 의령 자굴산 기슭에서 **이미순**

| 바람의 음색 |

1. 코로나의 봄

2. 사계절 이야기

3. 바람의 음색

4. 엄마와 도마

5. 중년

1

코로나의 봄

온통 거리에는 변이 코로나가
판치는 세상인데
우린 잘못 고개 내밀다가
어쩜 역병에 걸릴지도 몰라
허락받은 짧은 시간
가슴을 털어놓고
연둣빛
봄 향기를 얹어 놓으며
목숨 건 사랑 한 번 할까 말까

봄날 1

세상천지 내 세상 만난 듯
초록이 깨어나 춤추며
제 몸에 화르르 꽃물 드는 줄도 모르고
불타는 영산홍에 취해
하얗게 붉게 샛노랗게 뒤죽박죽
앞뒤 없이 꽃피며 환하게 웃는데
사람들은 저마다 마스크를 끼고
거리두기를 하고
환장하게 빛나는 햇살 따라
하얗게 붉게 샛노랗게
나를 꼬드겨도
코로나19에 빼앗긴 만날 수 없는 봄
봄은 그렇게 멈춘 채
이 환한 봄날
먼 훗날 몽환처럼 떠오를 추억
기억될 봄이다

봄날 2

꽃봉이 터지고
피었다가 떨어지는데
우리네 한숨 소리는 더 깊어간다
봄의 생동인데
우린 어찌 슬프다 못해 아프다
변이 바이러스가 비웃기라도 하듯
전 세계를 활보하고 있고
한 모금 감로수를 애타게 기다리는 듯
수많은 신에게 애절한 기도 소리
하늘 끝에 닿을 수 있기를 간절히 바라건만
확진자는 수없이 늘어나
이 좋은 봄날
우리네 야윈 몰골에
쨍쨍한 햇살만 내려앉아
목마름의 빛을 떨군다

전쟁 1

말 없는 자연을 멋대로 훼손하고
자연의 DNA를 맘대로 조작하는
인간의 오만함을 일깨우려고
이런 재앙을 온 것일까

코로나19 확진자가 늘어나는
온 세계가 지뢰밭
코로나가 스쳐 간 땅마다 온통
지뢰의 폭발로 아수라장이다

이를 어찌하오리까
어느 한 순간 눈 깜짝 사이에
지구촌이 온통 창살 없는 지옥
공포의 땅이 되고 말았다.

눈에 보이지도 않는
바이러스가 대지를 뚫고
음모를 꾸미며 거사를 획책하고 있어도
우린 너무 안일하게 대항하고 있었다

하루에 수십 명씩 죽어나가고
코로나 공포가 온 세계를 엄습해도
아무도 저항도 못하는
이 지독한 시련 언제쯤 끝이 날까

전쟁 2

가로수 길게 그림자 그리는 오후
TV에서 쏟아진 이야기
어제처럼 매 마찬가지인
푹푹 찌는 더위 속에 아침부터 저녁까지
아랑곳하지 않고 살기 위해 마스크를 쓰고
거리마다 용광로처럼 뜨거운 한낮
전철 안에서 승용차 안에서
오고 가는 버스 안에서
스치다 부딪치다 만나는 얼굴마다
모두 하나같이 전투와도 같이
코로나로 인해 치열했던 고단함이
하루마저도 버거운 삶으로 비틀거린다

빼앗긴 봄

온 산야 마른 가지마다
있는 듯 없는 듯 묵묵히
생명 불어 파란 연두 채우기 시작하고

아침 이슬 머금은 작은 꽃망울
봄은 거리에 서서
펑펑 순백의 꽃을 피우는데

봄은 여전히 나를 찾아와
낯익은 기억으로 부풀어 오르다가
솜털에 날린 바람 한 자락

옆자리에 툭 던져 놓고 가지만
코로나19 때문에 마음껏 봄을 느끼지 못하고
봄의 속도는 알 수 없기에 붙잡을 수 없듯

그렇게 잴 수 없는 속도로
이대로 형체도 없는 병균한테
영영 봄은 가버린 빼앗긴 봄이다

지금 이 순간 1

누구 한 사람의 입김의 바이러스가
눈덩이처럼 불어나는 재앙의 연속
뻥뻥 뚫리는 방역망
자연현상 같아 보이지만
인간의 끝없는 욕망과 죄성이
재앙을 부르는 인간의 탐욕이 원인인 것을
생명을 경시하는 이 시대
우리 모두에게 울리는 경고인 듯
지구가 병들어 치료할 곳이 더 이상 없는
이 시대의 환란이다

지금 이 순간 2

틈 사이로 흘러들어 오는 코로나
인간의 환경파괴에
말로는 뭐라 할 수 없는 이 순간

고통과 고난을
떨치고 일어서 세상으로 부딪혀 맞설 뿐
지금 이 순간

참아온 나날 힘겹던 날
마법처럼
코로나로 묶어왔던 사슬 벗어 던지는

우리네 간절한 꿈
연기처럼 멀리 사라지는
간절히 바라는 절실한 소원이다

코로나 1

지구가 생성 이후
수많은 비밀들이 그 품속에서
인류의 흐름을 지켜보고 있다

하늘이 무너지고
땅이 꺼지는 그 날까지
태양을 바라보며
숨 쉬는 생명의 기원

바람은
신비를 낱낱이 읽으며
이미 때는 늦어 속수무책인
억만창생의 양육강식

무수한 죽음의 그림자가
칠흑같이 빛이 나고
코로나의 이름으로 빌려
창조주로 군림할 때

불모지로 내몰았던
신비의 땅 그곳에 뿌리는
탄생의 젖줄이던
명명하던 반딧불은 사라지고

황소개구리 무작위 포식하는
흙탕물의 소용돌이에
깊은 심장의 수면 위
검푸른 눈빛으로 번쩍이며

생명의 근원을 품은 채
변화무쌍한 변이코로나가
도깨비의 유령처럼 변절의 귀로
우리네 혼을 빼고 있다

코로나 2

피부가 짓무르도록
마스크를 벗지 못하는 상항에서
언젠가는 다시 올 거라고
마스크 벗을 날

지금 이 순간
힘들고 무거운 침묵만이 있지만
부모 형제 마음 놓고
언젠가 만날 거야

행복한 미소 떠올리며
우리가 간절히 원했던 믿음
사실로 다가올 때
그때 웃으며 너에게 인사하리

숨 막힐 듯 솟구치는 두려움을 넘어
더불어 살아나갈 가난한 우리
뼈를 깎는 지독한 시련 겪으며
생태계 파괴한 것 많이 반성하고 있다고

코로나 3

아침이면 눈을 비비고 나가서
저녁에 들어올 때
먼지처럼 인색하게 묻혀 가지고 들어오는
사람들이 저마다 떠드는 소리

인간의 탐욕 때문에
재앙을 부르고
하늘 가득한 지금
할 일은 자명하지 않은가

살아 숨 쉬는 감사함으로
스치며 가는 길
우리네 인생
자연(自然)의 한 조각일 뿐

돌아갈 고향은 광활한 대지(大地)
육신이 남길 것은 한 줌의 재
세 끼 끼니를 찾듯
가슴을 열어 사랑을 베풀어야지

봄날의 신부

분홍 진달래 부케 들고
하얀 면사포에 웨딩드레스를 입은
바람 타고 살랑살랑 걸어오는 목련
봄바람 타고 축하해주는 벚꽃 하객
지지배배 축가 부르는 제비
코로나로 인해 인원 제한된다고
그렇게 말했건만
센 바람 불면 다시 오지 못한다며
종종걸음 걸어 마음 졸여 왔다고
보랏빛 노루귀꽃 앙징스럽게
새색시처럼 수줍게 웃는다

코로나의 봄

양지바른 산속
바위틈 둥지를 튼
올망졸망 작은 꽃망울
기웃기웃 눈치를 본다
내가 지금 나가야 될까
온통 거리에는 변이 코로나가
판치는 세상인데
우린 잘못 고개 내밀다가
어쩜 역병에 걸릴지도 몰라
허락받은 짧은 시간
가슴을 털어놓고
연둣빛
봄 향기를 얹어 놓으며
목숨 건 사랑 한 번 할까 말까

편두통

쉬지 않고 기울어지는 세상의 끝
편두통이 나를 칼질한다
따뜻한 햇살 차장 밖에서
환하게 비추는 봄이지만
2주간 격리 때문에 그리 반갑지는 않다

밖에서 창문을 지나 거실 앞
내가 앉아있는 곳까지
따뜻한 온기로 날 어루만지며
반갑게 인사하지만
난 매정한 듯 무덤덤하다

가벼운 자존심이 부추길 때마다
편두통은 그냥 나를 두지 않고
함께 기울어지지 못해 멀미하며
자가 격리하는 내 영혼의 고통은
진통제로도 다스릴 수가 없다

지금 내가 서 있는 자리보다
매일 2주 동안 자가진단 체크하는

더 기울어진 코로나바이러스 때문에
어렸던 시절엔 아무리 세상이 흔들리고
기울어져도 이런 편두통은 없었다

기울어지는 역병이 멈추는 날
시험하는 편두통
홀로 남겨진 방안에서
평소에는 아무렇지 않던 적막감
오늘따라 유독 깊은 것 같다

격리

방에 갇혔다
집에서만 자유로웠다
밖에 거리는 용서하지 않았다
앱을 깔아 감시는 눈을 번뜩였다

이틀은 게으름 피우며 낮잠도 자고
또 이틀은 장롱에 있는 이불은 죄다
꺼내어 빨고 옷장 정리도 말끔히 했건만
왠지 개운함 맛이 없다

햇볕 잘 드는 베란다 창가에 앉아
느긋하게 차를 마셔도
찻잔 속에 흐르는 시간
집안에 혼자인 나

마음이 무거운 탓일까
무슨 일이 일어날지 모르는
수수께끼 같은 생
봄 향기에 풀어 놓는다

하루해가 소리 없이 저물어가고
2주간의 격리가 끝나는 날
단단한 철장 속에 갇혀 벗어나는
꼭 죄수가 출소하는 기분

친구가 두부와 막걸리를 갖고 와서
다시는 갇혀 있지 말라며
봄밤에 주거니 받거니 얼큰하게 취해
히죽히죽 웃고 있지만

역병
온 세상이 코로나로 물든 삶의 뒤안길에서
어제도 내일도 아닌 지금 현재의
우리가 살아가는 존재의 이유다

자유

벗어난다는 건
얼마나 기쁜 일인가
가슴 열어 웃음 지으며
나비의 날갯짓 소리
푸른 숨소리 새소리 듣는 일상
무덤덤하게 지나친 것들
갇혀보고 알 수 있듯이
새들의 날개 위에
들판 위에 들꽃 냄새
누군가 지나간 자리에 남는
냄새 같은 게 있다는 것
마음 놓고 맡아볼 수 있는 게 자유다

봄

갓 터져 나온 꽃망울
입술과 입술이 포개질 때
살랑거리는 봄바람
새들은 맑은 부리로
창가에 파릇한 봄을 물어온다
길고양이
졸음이 가득한 눈빛으로
꽃향기 자욱한 봄바람 맡고 있고
흩날리는 꽃잎 살포시 내려앉는
황홀한 풍경에
가슴에 피어오르는 사연 하나
숨죽여 누르며 태연한 척
돌고 도는 그리움 따라
바라보는 마음도 같이 살랑거린다

꽃샘추위

엷은 햇살
주름진 구름 속에
쑥들이 들쑥날쑥 얼굴 내밀고
흙 밖을 내다보느라 아우성이다
서둘러 봄나들이 나온
파릇파릇한 새싹
밤새 서리꽃에 안겨
울멍울멍 울고 있다

생과 사

있는 듯 있는 듯
나뭇가지와 나뭇가지 사이로 이어진 거미줄
잠자리 한 마리 망에 걸려 파닥거린다
작은 삶 하나 거미줄로 숲 전체를 흔들다
힘이 빠진 걸까
파닥거림 뜸해지고 미동도 않은 채
체념하며 눈을 감는다
높은 하늘
바람이 노니는 길섶
그 사이 사이로
마음은 옛날처럼 온 산골짜기
넘나들며 날고 싶은데
몸은 지칠 대로 지쳐
힘을 다하여 비칠거려도
죽음이 뻔히 내다보이는 길
날아갈 힘도 없이
초여름 햇살
몸은 저당 잡혀 바람처럼 사라진다

등산로에서

새벽이 부르는 소리에
찌르레기 제 세상 만난 듯이
적막을 깨우고 앞산은 어슴푸레
자신의 알리는 등산로에서

무거운 시계추같이 반복되던 시간 속 권태
무게를 더해가던 스트레스 뒤로하고
소낙비 피하듯이 빠른 걸음으로 걷다보면
맑게 흐르는 물소리 나뭇가지 사이에서 노니는 바람

새벽이 열리는 아침 위에
수줍은 미소로 영롱한 옷을 입고
새로운 베틀을 짜면서 푸른 계절을 향유하는
사각거리는 듣기 좋은 걸음 소리가 있고

만개하는 오월의 환희를 꽃 피우는
만남의 정원에 숨 쉬는 문지기가 되어
들꽃향기로 빈 가슴 채울 수 있어
내 하루를 훔쳐 버린다

불신의 가면

난 그때를 알았어야 했다
진실의 가면을 쓰고
내가 얼마나 많은
거짓에 길들여졌는지를
믿음과 신뢰의 담이
볼품없이 허물어지는 순간
꺼져가는 등불처럼
아픈 영혼을 비집고 일어서
애증의 강을 지나고
미움의 바람을 피하여 가다 보면
절망의 언덕에
침전되어 흐르는 강열한 자기혐오
소유를 버리며
부유하여 떠도는 이면에
이끼처럼 도지는 불신의 조각들
서글픈 체념의 분진으로 우수수 쏟아진다

2

사계절 이야기

청아한 바람의 소리
솟아오른 연둣빛
촉 순의 발그레한 웃음 끼
겨울의 한복판에서
봄이 시작되는 날

입춘 1

겨울 내내 살 속을 파고드는
아직 시린 살얼음
맹추위 때마다
따뜻한 햇살에 등 기대어
꼼지락꼼지락
돋아나던 파란 새싹
가지 끝마다
연둣빛 혀가 돋아나고
온몸에 찬바람 맞으면서도
생기를 품고 쏘옥 내민다

입춘 2

청아한 바람의 소리
솟아오른 연둣빛
촉 순의 발그레한 웃음기
겨울의 한복판에서
봄이 시작되는 날

입춘 3

희끗희끗 남아 있는 산비탈에서
겨울잠을 깨고 환하게 웃는 아가씨
차가운 한파 속에서도
햇살보다 더 밝은 웃음을 안고
선잠 깬 아가처럼
사푼사푼 걸어 나오며
봄 아가씨가 오신다고
얼음장 밑 실개천에서
돌돌돌 속살거리는 소리가 들린다

경칩 1

해와 비와 바람이 지나다
스치고 간 인연
잔설 마른 풀 사이로
살그머니 고개 내민 파란 새싹

산천초목이 잠에서 깨어나 싹트고
개구리가 동면에서 깨어나
귓전에 시원하게
울음소리가 와글와글

오늘은 경칩
골골이 퍼지는 미풍에
잠 깬 미물들
행복한 웃음소리 들린다

경칩 2

화창한 햇살
만물이 기지개 켜는 날
겨울잠을 자던 개구리가
깨어 꿈틀거리고

남녘에 봄소식
따사로운 햇살
살랑살랑 바람 타고
행복 실어 나르며

예쁜 아가씨 손길처럼
부드러운 손등에 입맞춤하는 봄바람
봄의 여신
우리 곁으로 달려온다

봄 1

겨우내
땅속에서 쓴 물 빨아 먹고
쑥이랑 냉이 씀바귀
파릇파릇 돋아나며

돌 돌 돌
얼음 밑으로 흐르는 냇가
보송보송 솜털 난 버들강아지

폭설과 혹한, 칼바람 온몸으로
잘 견뎠노라 자랑하듯
나목에도 봄물이 오르는
소리가 들린다

봄 2

산비탈
꽃샘추위 황사바람 견디고
바위틈에 뿌리 내려
새싹 돋아 잎 피우면

얼어붙은 강물도 풀려
봄 아가씨
금빛 은빛 햇살 모아
살포시 얼굴 내밀면

햇살보다 더 밝은 웃음
봄의 발자국 소리에
내 마음은
아지랑이처럼 들떠 있다

봄비

후드득 뿌리는 봄비
소리 없이 내려와
대지와 나뭇가지 적시는 빗줄기

나뭇잎은
바람에 나부끼고
산수유 노란 꽃봉오리가
그 비를 맞고 터트리면

코로나 때문에 지쳐있던 마음
파란 새순 되어
내 마음은
초록으로 물들어 싱그럽다

가을

가을이 되면
훌쩍 떠나고 싶다
텅 비어있던 가슴 한쪽
느닷없이 눈물 한 방울 뚝 떨어진다
시간을 거꾸로 올라
내 기억들을 꺼내다
그물에 덫에 걸려 멈춰서 있고
갑자기 모든 것 낯설어질 때
누가 기다리지 않더라도
나 혼자 오랜 그리움에
다시는 돌아오지 않을 기다림이 되어
모든 것 내려놓고 길 나서고 싶다

태풍

장대같은 비가 바람에 불붙여
거대한 폭풍 만들어
아주 강한 강풍으로 몰아치니

거리 곳곳에 나뭇가지들은
부러지기도 하고 밑동이 갈라지기도 하며
뿌리가 송두리째 뽑혀

흔들리는 창문도 쉽게 간파하고
전기정전으로 서로의 안부를 단절시키고
온통 흑암으로 덫을 놓아

코로나도 모자라 마이삭에 이어 하이선 태풍까지
한차례의 태풍피해 물 폭탄 대책 없어
온 장안을 뒤덮는다

감꽃

새록새록 단물 머금고
새순 틔운 감나무
연초록 잎은 점점 짙게 자라나
꽃망울을 맺히고
고운 살색을 띤 감꽃은
햇살 머금은 채
하늘을 향해 환한 미소 짓지만
또 하나의 감으로 탄생하게 될
결실을 맺기 위한 준비과정으로
짧게 만남에 이별을 고하고는
많은 고통 견디며 자기 한 몸 다 바쳐
허물을 벗기듯
맨바닥에 힘없이 떨어진 감꽃
참사랑을 이룬다

삶

째깍 째깍 순간이 흐르고
하루 한 달 일 년
봄 여름 가을 그리고 겨울
팽팽하던 얼굴 주름이 생기고
까만 머리 새치 하나둘 늘어나며
바쁘게 돌아만 가던 삶의 궤도
잠시 돌아보니 세월의 무게에
지는 노을이 우리네 삶이었네

인생

인생은
시간 여행이라고
누가 말했던가
하루가 어떻게 가는지 모르게
시간의 정체를 알 수 없이
바람같이 빠르다
옛날 울 엄마 하시던 말씀
너희들 살아 보레이
산 넘어 산이라는 말
유년시절 때 몰랐던 시간
그 어떤 시간이라도
시시각각 나를 찾아오는
기쁨과 행복의 시간
슬픔과 괴로움의 시간
한순간 한순간의
네가 가져다준 아름다운 선물
시간이 보석인 것을

여명

새해 붉은 해가 떠오른다
일출의 불멸 속에
신기루 같은 불덩이가
세상을 밝힌다

동녘하늘
드리워진 구름 위로 떠오르던
선홍빛 태양 향해
저마다 두 손 모아 소망을 빌고

살 에이는 칼바람에도
새 희망의 꿈을 꾸며
경건한 마음 가슴 가득
소망의 금자탑을 쌓고

희망의 빛
눈부시게 솟아오르는
저 붉은 태양처럼
올해도 아름다운 사랑의 꽃 피어야지

장미 1

담벼락 밑에서
붉게 입술 내민
불타는 사랑의 서곡

님의 사랑 잊지 못해
사랑의 질투에 찬 가시를
듬성듬성 보이며

붉게 타는 그리움
전할 수 없어
여린 살갗을 톡 찌르고

온몸 시뻘건 불덩이
사랑의 향기 진한 미소로
햇살 부둥켜안고 웃는다

장미 2

담벼락 밑에서
살포시 고개 내밀고
열정을 발산하며

그리운 님 애끓는 마음
바람이 먼저 읽고 간
홍당무가 되어 버린 벙어리

혼불로 태워진
낯선 거리에서 만난
하룻밤 풋사랑

행여나 오시겠지
붉은 입술로 뜨거운 미소 간직한
오월의 신부 같은 꽃이여

곡우(穀雨) 1

춘삼월의 화려함도
꽃비 속에 숨어서 지고
봄의 마지막 절기 속에
역병은 전 세계를 누비며

하늘을 쓸고 땅을 쓸며
공포의 괴질 스프링처럼 튕겨
바이러스가 꼬리치며
청명과 입하 사이에 제집 드나 듯이

우리네 가슴 상처주고
유리알 같은 햇살마저
숨을 죽이고 살아야 하는 현실
제발 가거라 변이 코로나여!

깊어지는 봄의 자연에
마음은 요동치는데
꺾일 기세도 없어 하늘 올려다 보니
그 끝이 보이지 않는다

곡우(穀雨) 2

돌아오지 않는 시간에
지는 꽃잎 마음속에 담아두고
끝을 아는 나이가 되며
무덤덤해지는 우리의 영혼

황홀한 꽃그늘 아래서
입맞춤하던 청춘
모든 건 다 그렇게 지나가고
그리움에 물이 흐르면

곡우의 사랑을 입고
연초록 잎사귀들이 바람에 흔들리니
신록에 취하다 보면
여름날 녹음이 우거지리라

장마

질편해진 수마가 흩고 간 자리
전국 곳곳에
계곡이 울고 산천이
온몸으로 통곡한다

태풍 마이삭
모든 것을 다 싹쓸이 할거야
이러한 마음으로 온 듯
태풍의 위력이 이렇게 무서울 줄이야

쓸고 간 황량한 거리
베인 상처의 흔적만 남기고
하늘은 언제 그랬어 하는 것처럼
내리던 비 그치고 시원한 바람이 분다

바람이고 싶다

마음을 가벼이 비울 줄 아는
바람이고 싶다
언제 어디서 무엇이라도
비울 채비가 되어 있는
바람이고 싶다
고인 것을 쉬 비우고
금방 퍼 담아 채우는
바람이고 싶다

3

바람의 음색

사계절을 통해서 부는 바람에는
저마다 색깔이 있다
낙엽이 물든 황금빛 가을에
음계를 타듯 일렁이는 바람
언 땅에서 새싹을 솟아내는
신비의 바람
바람은 언제나 바람으로 불고 간다

모산재 1

철쭉이 진 자리 옆에 피어난 억새
은빛 억새가 장관을 이루고
봄에는 철쭉, 가을은 억새
양옆으로 은빛 물결이 넘실대고

꼬불꼬불 이어지는 길 따라
산마루 가득 퍼진 억새
마을 어귀 감나무에는
감이 주렁주렁 달려 정겨운 산골 풍경

능선 오른편에는 바위산이 버티고
산기슭에 자리한 다랑논에는
황금빛 풍요가 넘실거리며
억새 사이사이 햇살이 파고들어

바람이 불어오면 은빛의 가루를 뿌려놓은 듯
산중의 바다가 반짝이는 은빛 파도
너울거리는 은빛 물결 앞에서 서면
서걱서걱거리는 울음소리가 들린다

모산재 2

산을 좋아하시나요
말없이 다녀가세요
돌산이라 무시하지만
운치와 풍경이 매혹적인 이곳
패러글라이딩에 젊음을 불태우는
여기는 꿈의 무대
자유의 둥지에서 숨 쉬며
하늘을 이고 구름을 엮어
세상 시름 달래는 바위산
자연이 오라고 손짓한다

촉석루 1

투명한 하늘가
은은한 바람 뒤섞이고
침묵으로 남은 의암 바위
섧던 갈망 남강에 풀어헤치니

가뭇없는 넋
흩어져 떠난 사랑의 조각
숱한 세월 흘러도
지금도 영롱한 영혼이 남아 있는 듯

우뚝 선 노래비만
오늘도 애처로이
한 가닥 기억 속에 남아
메아리처럼 흘러간다

촉석루 2

온몸을 허공에 던져 날리면서
뼈도 살도 삭여 버린
여인의 하얀 혼
안개 바람 사이사이
물결치듯 파도치며
노란 나비 아롱진 연꽃 속에
이승과 저승을 가르는 엷은 벽을 뚫고
찢는 듯한 아픈 염원을 허물듯이
혼신의 염력을 투사하여
동그랗고 넓은 공간
천만년 맺힌 원망
동그란 북 속에 투명한 사랑을
우주의 둥근 북을 세차게 두드리며
새하얀 가루되어 날아간다

꿈 1

이마에 물결처럼 깊어진 주름살
중년의 남자가 가게에 들어선다
한갓 종이 한 장에 꿈을 안고
무거웠던 지난 세월을 어루만지며
대박의 꿈을 꾼다

굵어진 손마디만큼 정성들여 표기하는
로또 종이가 희망이고 꿈이다
꿈을 안고 사람들은 오고 가는데
사람들의 얼굴 속에
또 하나의 내 모습이 그려진다

살며 똑같이
가난의 끈을 잘라 버리지 못하고
서민들의 애환 함께 하였건만
허기진 얼굴은 거리에서 방황을 하면서도
우리네 서민들의 모두가 로또에 꿈을 꾼다

꿈 2

어린 시절
백만장자가 되어 보는 게
꿈이었는데
단 한 번도 이룰 수 없는 꿈

허무맹랑하고 황당무계한 꿈 일지라도
단 한 번뿐인 생애
무지개 떠오를 날을 기다리며
꿈꾸는 희망

먼 훗날
인제 올지 모를 꿈이 이루어지면
가슴 가득 설렘을 안고
세계 일주 떠나고 싶다

그리움

아른거리는 그리운 낯빛
가슴에 그리움이 새순처럼 돋고
연둣빛
봄 향기를 얹어 놓으며
너울너울 휘돌아
방울방울 그리움이
아름아름 애달픈 눈물처럼
촉촉하게 내 가슴 스며든다

돌이킬 수 없는 재앙

제주 일본국 총영사관 앞에서
빨간 띠를 머리에 두르고
바다는 국경이 없다
핵 테러를 중단하라
삶의 터전인 청정 제주 바다
인류의 생명과 안전뿐 아니라
지구촌 해양 생태계를 파괴하는
생명을 경시하는 이 시대
재앙을 부르는 인간의 탐욕
돌이킬 수 없는 재앙
방사능 오염 무대책 일본 정부
후쿠시마 원전 오염수 해양 방류 결정을
즉시 철회하라는 문구가 우리네 한숨이다

목탁소리

마음이 심란해 산을 찾았다
마음 깊숙이 다가와
고요히 울리는 청아한 소리

목탁처럼 속을 비우면
마음 곱고 마음 둥글게
눈 깜짝할 사이 수심 깊었던 마음

가을 하늘처럼
가을 물소리처럼
목탁소리에 내 영혼이 맑아진다

노을

모든 걸 녹여 버릴 듯
강렬한 태양 가마솥에서
푹푹 삶아내는 옥수수처럼
찌는 듯한 불볕더위도 조금 누그러지고

TV 틀면 여기저기 소리 없는 전쟁
바이러스코로나 전쟁으로
세계 각국에 수없이 사람들은 죽어 나가며
서울에는 확진자기 늘어나고

코로나 때문에 얼마나 많은 사람들
쇠방치로 맞고 슬퍼하고 있는지
신이시여!
제발 멈추어 주소서

애걸복걸 신에게 던져보고 달래보다가
무심코 올려본 하늘엔
그 울음 모르는 척 달아나는
북적북적거리는 노을빛만 짙어져 가고

낙엽

소리 없이 내리는
이슬비에
몸을 적시며
가파른 언덕길 굽이굽이
안개구름 바람에 밀리듯
산에 오른다
물안개도 서서히
꼬릴 감추는 능선마다
멀어져 가는 계절의 뒷모습
어이 저토록 쓸쓸할까
계곡에 메아리치는 물소리
발길을 멈춘다
풀잎에 끼어 머무는 낙엽처럼…

외달도 섬

이글거리는 햇살
잔잔한 바닷물에
입맞춤으로 살며시 파도칠 때
하얀 포말 수없이 쏟아내고
잔잔한 해수면을 출렁이며
파장의 날갯짓은 철썩철썩
물비늘 반짝이고
갈매기가 끼룩대며
자욱한 고요가 품고 있는
이곳 작은 외달도 섬에서
잠시 묻은 때를 씻는다

사진첩

한 세대가 지나간
낡고 빛바랜 앨범을
꺼내어 본다

장을 넘길 때마다
사연 많은 추억들
주마등처럼 스쳐가며
먼 기억 속에서 내가 소생한다

꿈 많던 소녀 시절을 넘어
사랑하는 남자의 아내가 되고
아이들의 엄마가 되고
지금은 할머니가 되었다

세월은 총총
꿈과도 같아
사진 속에 내 얼굴은
그때마다 모습은 조금씩 변하지만

세월 흘러 어느 것이나
열심을 다하며 살아온 세월
모두 한결같이
행복을 꿈꾸고 있었다

바람의 음색

사계절을 통해서 부는 바람에는
저마다 색깔이 있다
아름다운 꿈을 피우고
향기가 자욱한 봄바람
무더운 여름에
한들한들 나뭇잎을 흔들고 부는
시원한 처녀바람
낙엽이 물든 황금빛 가을에
푸른 숲 목마른 풀벌레 울음소리
음계를 타듯 일렁이는 바람
얼어붙은 듯한 겨울
온통 나뭇잎을 떨구고 가는
황량한 나목의 바람
봄이 오면
언 땅에서 새싹을 솟아내는
신비의 바람
바람은 언제나 바람으로 불고 간다

인생이란

먹어도 먹어도
곧
속이 허해지는 것
가득가득
무엇이든 먹고 싶어 하는
비린내 나는 생각
남은 살을 도려내는 칼 같은 혀
똥물 흘리는 뇌
지그재그 욕구들이 모여
산더미 같은 볼록한 욕심
그래도
덜어내지 못하고
조금만 더 하면서
쏟아져 버린 욕망을 붙잡는
인생이란
허한
배고픔의 연속이다

지팡이

딱 딱 딱
지팡이가 계단에 닿는 소리
혼자 지탱 못하셔서
나무 지팡이에 의지하는 할머니

험난한 세월
살 깊은 뼈마디는
모진 바람도 견뎠는데
이제 서로의 부딪칠 힘도 없이

딱 딱 딱
덧없는 세월의 소리
힘없이 휘청이는 소리
험하고 가팔랐던 생

지팡이에 기댄 할머니의
그림자가
세월에 밀려
뉘엿뉘엿 노을이 진다

삶

긴 세월
알 수 없는 바람이 분다

불을 품고 달려오는 이 바람
어디서 오는지
미풍에도 풀잎은 흔들리고
우리에겐 영원이란 것은 없다

삶의 여정은
이미 예정되어 있는데
바람은 늘 내 마음을 흔들어
혼돈 속으로 빌어 넣고

오가기를 제일인 양
문 밖에도 문 안에도
캄캄한 세상이긴 마찬가지인 듯
분탕질 치는 미혹의 길

굳게 빗장 지르면
세월은 대책 없이 달아난다

편지 1

서랍 속을 정리하다가
우연히 옛날에 받았던
편지들과 해후(邂逅)한다

새삼 은은한 향기
부드러운 정감으로 다가오는
군에서 보낸 아들의 편지

걱정하지 말라며
군 생활 잘하고 있다는 말에
마음 놓이며 그리워했던 감정

그때는 그래도
따뜻한 체온의 숨결도 느끼면서
편지로 마음 나누었는데

지금은 어른이 되어
젊고 풋풋한 청보리처럼
제 앞길 헤쳐 나가는 아들

한 통의 편지가 세상 그 어느 약보다도
훨씬 나은 치료제란 걸
아들은 알기나 할까

편지 2

바람 한 점 불러 꺼내 보는 날
들꽃의 은은한 향기처럼
가슴으로 쏟아져 오는
초록의 그리움이 있다

지금은 카톡으로 주고받지만
우리네 스물 살 시절 누구나 한 번쯤
가슴속에 쿵쾅쿵쾅거리며 썼던
내 기억의 푸른 숲

연애편지 쓰던 밤
사랑 하나만 있으면
모든 것을 잃어도 괜찮다고
생각했던 나의 이십 대

틀린 글자가 있나 없나
수 없이 되읽어 보며
기억 속에 잠든
말로는 다 못한 그리움

펜을 꾹꾹 눌러 백지 위에 썼던 기억
끝도 없는 열망을 쓰고 지우고 하던
한 통의 편지 속에
감추어진 사랑의 깊이

하얗게 변해버린 기억에서
추억의 그림자 더듬거리며
커피 한 모금 삼켜내는 아련한 그리움
초록과 함께 물들어간다

한우산

한우산 철쭉은 분홍빛 빛깔로
화려한 수채화를 그려놓고
자태를 뽐내지만
형체도 없는 바이러스 때문에
인적(人的) 드문 산길엔
나비들만 오락가락할 뿐
고독함이
바람처럼 휭하니 스쳐간다

4

엄마와 도마

새벽마다 양은 도시락 다섯 개 싸 주던 울 엄마
각자 한 개씩 들고 푸른 꿈 찾아
조막조막 그렇게 아이들은 어른이 되고
추억을 반추하는 중년이 되어
세월의 때가 묻은 도마의 그림자에서
엄마의 향기를 느낀다

친구 1

널 처음 만난 건
단발머리에 검은 세일러복 교복 입은
꿈 많던 소녀이었지
키가 작아 늘 같은 반 짝꿍
눈이 큰아이였지

그런데 뭐가 그리 바빴길래
이렇게 가지 않아도 될 때
먼 길을 혼자 떠나갔니
참 많이 너의 사랑 연애편지
내가 대필해 주었는데

시험공부 한다고 밤을 새우며
조잘조잘 이야기하며
해맑게 깔깔 웃던 그 모습
보고 싶은 얼굴
아직도 눈에 선하다

세월이 흘러도
너는 십 대의 꿈 많던 나의 짝꿍

기억의 테이프도 거기에서 멈춘 듯
나는 그때의 나이고
너는 그때의 너이건만

넌 우리 곁을 떠나갔지만
너를 알고 있는 모든 벗들
넌 참으로 애교 많고 잘 웃던
닮고 싶은 그런 친구였다는 걸
알고 있는 거니?

늘 그랬다 십 대에 우리들의
아름다운 추억이있다는 것을
친구야
편안히 쉬어라
그 높은 곳에서

친구 2

눈감으면 그려지는 고향의 모습처럼
강산이 바뀌어도 변하지 않은 음성으로
오랜 친구와의 해후가 시간 가는 줄 모른다

서로 옛 추억 공유하니
가물거리던 기억 새록새록 살아나고
속절없이 지나가 버린 세월 참 많이 흘렀다

숨 돌릴 틈 없이 달려온 인생
세상 보는 눈과 살아가는 모습
생업의 터전과 명성이 서로 다 달라도

오랜 세월 살아온 흔적 감출 것 없이 다 아는
스쳐 가는 표정 하나만으로도 서로 마음 알아채는
굳이 간 볼 필요 없는 묵은지 같은 친구

소박한 웃음 잔잔한 옛정
당신이 내 친구인 것이 참 좋다는
말 한마디 꼭 전해주고 싶다

친구 3

언제 들어도 좋은 단어
영원히 변하지 않는 단어
힘든 날 턱없이 전화해
말없이 울어도 오래 들어주던 너
내게도 가슴속 탁 트이는
숲속 산소와 닮은
친구 하나 있다

친구 4

어릴 적 고향 친구를 만나면
시간은 다시 동심이 되고
모습은 달라져도 보이는 건

옛날 그 모습 어렴풋이 남아
어릴 적 코흘리개 모습
이야기도 웃음도 헤헤헤 까르르 까르르

불혹의 구릿빛 얼굴 변함없는 끈끈한 우정
예나 지금이나 그대로인데
청춘은 다 어디로 갔을까

친구 5

시간이 고향의 우물을 한 줌씩 말릴 때
골목길 은은한 꽃향기 그리움 되어
한 줄기 강이 되어 오늘 여기로 흘렀다
한잔 가득 부어 담은 소주잔 속에
진달래꽃처럼 붉은 얼굴
추억은 어디 있고 청춘은 어디 갔나
꽃은 피고 지고 또 해가 바뀌어
아줌마가 되고 아저씨가 되어
지금은 할머니 할아버지가 되었다
이제 인생의 굵은 계급장만 빛나고
골목길 은은한 꽃향기 그리움만 남는다

길

길을 나선다
눈웃음치는 하늘빛에
메아리치며 손짓하는
종달새 한 마리

봄바람에 사위어가다가
나비의 날갯짓 소리
매지구름 몰려와서야
발버둥 치며 달아나버린다.

발걸음 잃고 나서야 생각한다.
나에게 자유가 무엇인가를
코로나로 2주간 격리
신발을 찾지 못하는 그리움

어디에도 매이지 않고
벗어나고 싶은 심정 때문에
나의 발길은
아직도 길 위에서 서성거리고 있다.

산길

타박타박
산길을 걷는다
걸음이 숲과 숲 사이에 길을 내고

초록빛 포화 높이
푸른 불꽃을 뿜어내며
수액이 도는 소리가 들린다

바람을 깨우는 푸른 숨소리
맑은 물 졸졸졸
무지개로 흐르는 계곡

산새가 노래하는 숲
초록으로 물든 신록
저기 먼 숲이 나를 부른다

선거

매일 손전화를 울리게 하는 문자메시지
후보 누구입니다
열심히 하겠다는 말
피켓 하나에 오고 가는 차량에 굽신하는 모습
유권자의 눈에는 그저 허울이며
마치 원숭이가 재주 부리는 것처럼
우스꽝스럽게 보인다
당선되고 나면 유권자들을 헌신짝처럼 버리고
당리당략 자기네 배 채우기에 바빠
밀어주고 찍어 주었던
지역의 유권자들을 외면하는 추태
흔히 말하는 풀뿌리 정치
그들은 국민에게 한 점 부끄럼 없이
깨끗하고 올바르게 정치를 했는지 묻고 싶다

행복이란 1

어디에 있을까
멀리 있을까
가까이 있을까
물질일까
정신일까
다람쥐 쳇바퀴 도는 하루라도
건강하게 산다면 그게 바로 행복이지
작은 것에 만족하고 크게 웃으며
육신 속 너절한 욕심 다 버리는 것
자식이 보내준 작은 선물에
고마움을 느낄 때
수고했다 사랑한다 말 한마디
행복은 누가 만들어 주지 않고
내가 만들어 가는 것이 행복이다

행복이란 2

스쳐가는 찬바람에도
몸을 움츠리는
나이가 되어버린 지금

걸어온 날들을 되돌아보니
기쁜 날보다 슬프고
힘겨운 날들이 많았지

산다는 게 뭔지
자식을 낳아 바쁘게 살다 보니
세월 가는 걸 모르고

검은 머리 파뿌리 될 때까지
말이 현실로 다가서는 지금
희끗 해지는 머릿결을 보면서

마주보며 웃어줄 수 있고
서로 건강을 염려하는 당신이 있으니
이 소박한 행복이 진정 행복이려니

행복이란 3

누군가를 사랑하는 것은
참으로 행복한 일이다
밤톨만 한 것에 사랑에 빠질 줄이야
안 보면 보고 싶어
홍시처럼 달콤한 사랑에 빠졌다
초롱초롱한 눈망울 바라보면
저절로 미소가 피어나고
잠잘 때 새근새근 뛰는 심장
아름다운 너의 숨소리
상기된 볼은
붉은 장미만큼 아름답다
고사리 같은 손으로
할미 사랑해하며 표현하는
너의 웃음소리가
넘치는 행복 속에
샘물처럼 솟아난다

엄마와 도마

새벽 5시
아침마다 기억되는 광음의 의식
칼질을 할 때 통통거리는
경쾌한 소리가 우리를 깨운다
싱싱한 야채와 고기의 숨결도 스미던 몸
음식을 동강 내는 칼날 밑
너의 몸 가장자리 칼자국이 남아
등뼈에 수없이 움푹 파인 상처
한 짐 무겁게 지고 가는
상처 많은 너의 몸 아랑곳하지 않고
굶주린 듯 우린 허기를 채우며
새벽마다 양은 도시락 다섯 개 싸 주던 울 엄마
각자 한 개씩 들고 푸른 꿈 찾아
조막조막 그렇게 아이들은 어른이 되고
추억을 반추하는 중년이 되어
세월의 때가 묻은 도마의 그림자에서
엄마의 향기를 느낀다

불면증 1

TV를 끄고 침실로 들어가면
사방은 캄캄한데
난 먹이를 찾는 하이에나처럼
눈을 번뜩인다
온갖 생각이 다 모여
뼈까지 피곤한데 잠은 오지 않고
또각또각 발소리가 들린다
온몸의 트랙들이
위층으로 곤추선다
위층에는 무엇이 힘겨워
이 늦은 시간까지
잠을 못 이루는 걸까
신경에 칼날이 섰다
밤을 꼬박 새울 것 같아
내일을 위해 최면을 건다
잠들지 못하는 나를 위해
최면을

불면증 2

피곤에 지친 몸으로
잠을 자려고 침대에 몸을 맡겼다
어두운 밤은
신음 소리를 내며 잠들어 있는데
잠이 오지 않는다

이 생각 저 생각에 뒤치락거리는
지난 일들이 꼬리를 물고 나와
긴 열차처럼 달리다가
사이사이 플랫폼처럼 멈춘다

나이가 먹으면 잠이 없는 걸까
머릿속에 온갖 생각이 다 모여
그 일과 그 장면이
클로즈업되다가 다음으로
오버랩되는 어두운 가을밤

밖에는 숨죽인 듯 고요하고
들리는 건 냉장고 돌아가는 소리에
달빛만 처량한데
잠은 오지 않고 몸만 뒤척인다

불면증 3

눈감고 누워도
내 생각에
불빛이 너무 강해
잠도
모두 다 달아났다

불면증 4

생각이 많은 날
어김없이 몇 번의 밤을 쪼개어 보내고
아무 생각 없어야 겨우 눈꺼풀이 풀을 먹는다
더덕더덕 붙은 상념
떼어내느라 이 밤이 훌쩍 가버렸다
잠속에 묻힌 새벽 세상은 바쁘게 뛰어가지만
눈감고 누워도 밤하늘 별빛은 지워지질 않고
창가 비추는 월광의 은은함은
더 잠 못 이루게 한다
수십 번 뒤척이다 둘러쓴 이불은
식은땀으로 얼룩져 있고
피곤해도 잠들지 못하는
거북한 얼굴에 죄어온 침묵이다

불면증 5

외롭고 싶지 않다는
애처로운 소망을
가슴에 숨긴 채
혼과 혼의 대화에 심취하며
잠 못 이루고 서성이는 밤
어둠에 내가 먹히듯
어둠을 먹고 사는 올빼미 마냥
모두가 잠든 새벽
잠은 오지 않고
밤마다 어둠에서
형광빛에 반사되어
퍼덕이는 나래짓을 하고 있다

쇠비름 풀꽃

질퍽한 습지
타는 듯이 메마른 땅에
적갈색 줄기 길게 뻗어
하얀 실뿌리를 내린다

논밭두렁에 흔하디흔한 풀
너무 흔해서 사람들 발에
마구 짓밟힌 초록의 혼
삶을 포기하지 않고

짓밟혀도 다시 쑥쑥 일어나
바람결에 하늘하늘
웃고 있는 너의 모습
강한 생명력 닮고 싶다

5

중년

운명 같은 삶
찔리는 아픔도 보이고
앞선 이들을 좇아
한 짐 무겁게 지고 가는
내 그림자도 보인다

노을에 잠긴 나

영혼의 젖줄처럼
마지막 생명을
붉게 토해내는 노을에
잃어버린 마음을 담는다.

뉘엿뉘엿 땅거미
긴 그림자 드리울 때
고요한 풍경소리에
내 안의 나를 바라본다.

번뇌와 망상으로
힘겹고 고달픈 인생 여정
저물어 가는 석양에
손사래하고

쓸쓸한 봄 향기
연분홍 하늬바람은
한 가락 미소 속에
묻힌 나를 반겨준다

여행

견디어내다가
곧 터져버릴
기미가 보이기 시작하면
어디론가 훌쩍 떠난다
한없이 작은 내가
얼마만큼 작은지
확인하기 위해 떠난다
마음 내키는 대로 떠돌다 보면
나에게 꽉꽉 죄였던 태엽이
느슨히 풀릴 대로 풀려
다시 칭칭 감기고 싶어
서둘러 돌아오지만
또 언제 바람처럼 떠나고 싶은
고질병이 도질는지
가야 할 길 앞에 바람이 인다.

갱년기 1

윤기 흐르는 까만 머리
건강미 넘치는 뽀얀 피부
다 어디 갔을까
마음은 아직 푸르기만 한데
얼굴에 한둘
내려앉기 시작하는 검버섯
청춘의 심볼 빛나던 여드름
시간이 흐르면 스스로 사라지지만
죽음의 그림자인 검버섯
자꾸만 이사 와서 내 얼굴엔
씨족 촌을 이루고 산다

갱년기 2

어느덧
머리에 흰서리가 내리며
메마른 고갯길
무릎 꺾으며 넘어가고
가슴에 끓던 불덩이
겨우 잠재웠더니
갱년기 문턱을 밟고 있는
내 관절은 눈치도 없이
우드득 우드득 비명부터 지른다

갱년기 3

야윈 어깨
바람의 떨어진 낙엽 몇 장에
떠나버린 젊음을 반추하며
신열처럼 올라오는 분노
기복이 심한 무거운 중압감
끝내 조절해야 하는 내가
떨어지는 낙엽처럼
왜 이렇게 측은하기만 한지 모르겠다

중년 1

늘 마주치던
낯선 만남과 헤어짐이
젊음을 넘어 반백이 되어

세월의 무게에 짓눌려
중년에 이르러서야
모래성임을 알게 되지만

어쩌랴
삶이란 때때로
고통도 행복이게 하나니

인생은
모래성을 쌓았다가
그 모래성을 허무는 일이다

중년 2

어느 행복이든 영원하리란 것은
욕심일 수 있지만
세상은
나 자신이 택한 삶인 것

삶에 순응하고
세상을 가르치려 말자
운명은 나의 것이지
결코 예속된 운명은 아니지 않은가

계절이 얼마만큼 스쳐가고
강산이 몇 번이나 바뀌었을까
덧없이 흘러간 세월
참으로 정신없이 달려온 것 같다

힘들고 지쳐가는 중년의 나이
살아간다는 존재마저 실감하지 못하고
뒤돌아본 세월의 흔적들은
허탈함에 젖어 긴 한숨만 내뱉는다

중년 3

젊은 날
청춘을 이야기하며
야스퍼스의 신에 바탕을 두고
내가 근원이 되는 실존이냐
사르트르의 인간 각자가 자유로이
자기를 창조하고 그 창조를 책임지는 실존이냐
인간에게 실존이 과연 본질보다 앞서는가
신학 정신 병리학에서 삶을 분석하며
인생을 이야기하고 철학을 고민할 때가 있었다
덧없이 흘러간 세월
이제 중년이 되어보니
현실 앞에서 모두 개똥철학이 되어버리고
당장 입에 풀칠부터 해야 하니
앞으로 뭘 해서 살아야 하는지
처진 어깨에 세월을 지고
걸음을 재촉한다

중년 4

푸르던 젊은 날
세월의 풍파에 떠밀려
중년의 나이가 되어버렸다
그리움도
지나온 시간 속에 추억은 묻어두고
고단한 인생의 갈림길에
더듬거리며 찾아가야 하는
삶의 마디마디가 보인다
지워져 가며 아물거리는
내 살아온 날들
눈금으로 찍혀 있는
인생의 길이도 보인다
운명 같은 삶
찔리는 아픔도 보이고
앞선 이들을 좇아
한 짐 무겁게 지고 가는
내 그림자도 보인다

중년 5

티 없이 밝고 순수한 표정
어디로 갔을까
세월의 무게에 짓눌려
덧없이 흘러간 세월
어느새 눈가엔 잔주름 지고
모진 풍상 다 겪어
마치 세상의 도사가 된 도인의 무표정일까
아직도 내 마음속에
붉은 장미가 자라고 있는데

중년 6

젊은 날
어둠이 깔린 짙은 공간 속에
방황의 늪에 허우적대며
살아온 날도 있었다

미래를 향한 언덕에 올라도
보이지 않는 정상의 고개는
왜 이리도 힘이 들고 숨이 차는지

등불을 켠
세월의 수레바퀴 속에서
인생은 연속의 고행이었던가

중년이 되어서야
돌아오는 기쁨의 미소가 보이는
환희의 길이란 걸
부서져 간 세월 앞에 알았다

들꽃 1

야트막한 뒷산 양지바른 풀밭
곱게 핀 들꽃
누구의 손길 없이도
산들산들 웃음을 건네주고

무심한 발길에 밟히고 쓰러져도
넓은 하늘 푸른 대지를 벗 삼아
때가 되면 피고 때가 되면 지는
자연의 순리를 아는 들꽃

산길 발자국 소리에
행여 누가 반겨줄까 기다리듯
훌훌 날아가는 씨앗을 품고
은은한 향기로 해맑게 웃는다

들꽃 2

들꽃들이 피어있는
들길을 걸으며
언제나 가슴이 풍요로워진다

누구의 손길도 없이
넓은 하늘 푸른 대지를 벗 삼아
때가 되면 피고 때가 되면 지는
자연의 순리를 아는 들꽃

생명을 스스로
슬기롭게 다스리는 지혜
그 맑은 미소 들길을 걸으며
나는 언제나 아름다움을 꿈을 꾼다

가습기

골 골 골
먹은 물 다 토해내려
안간힘을 쓰는 주둥이는
힘에 부친 생명을 뱉어대고
뿜어지는 고단한 삶
물보라는 허공을 향해 질주하는데
한낱
손에 잡히지 않는 수증기처럼
우리네 살아가는 삶의 모습이다

벚꽃

흐드러지게 휘날리는 벚꽃
지는 모습은
슬픈 인생에 마법을 걸어 놓은 것 같다
한순간의 아름다움을 위해
삼백예순날을 아파하고
한순간의 사랑을 위해
평생을 기다려 듯이
지나가는 찰나 속에 인생이 숨어 있다
눈을 감고 고개 내밀어 하늘을 보면
유유히 내리는 꽃잎에 취해
얼굴은 볼그레
마음을 흔들어 놓고
바람결에 부서지는 꽃잎
황홀한 풍경에 배시시
눈 뜨면 사라져버릴 허공 속 환희라는 걸

산길을 걸으며 1

또로롱 또로롱 맑은 새소리
귀를 활짝 열어 놓고
호젓한 산길을 걷는다

연둣빛 새 움들의 향연
한들거리는 산바람 가슴속까지 불어
텁텁한 속내를 씻어낸다

길섶에 피어난 어여쁜 민들레 눈인사 나누며
짙은 풀 향기 나뭇가지에 새로 움튼 싹
어린아이의 뽀송뽀송한 엉덩이처럼 사랑스럽다

눈부신 햇살
산바람에 연분홍 꽃비가 쏟아져
그 빛 속에서 어여쁜 봄날이 무르익는다

산길을 걸으며 2

이른 아침 산책길에 오르니
샛노란 개나리 연분홍 진달래꽃
환하게 웃고 있다
산벚꽃 꽃망울 한껏 머금고
꽃피울 날 기다리며
벚꽃나무에 앉은 직박구리의 재잘거림
쫄랑쫄랑 하늘 나며 지저귀는 종달새 재롱
소나무 가지에 청솔모 먹이 찾아
이리저리 분주히 노니는 모습
파란 하늘 바람에 떠도는 구름 보며
이 순간만은 세상사 고되고
힘든 일 잊을 수 있어
내 안의 작은 위로가 된다

산길을 걸으며 3

안개 낀 새벽길
어둠 속 상념 기지개 펴고
좀처럼 웃지 않는 동구 밖 대장군
목덜미 짓누르는 추위에 폐부를 찌른다

짙은 안개 사이
개 짖는 울음소리에
멀리 가로등은 외로움을 달래며

젊은 날에
봄날 꽃잎처럼 아름답게 살았는데
부서져 간 세월은 돌아올 줄 모르고

산기슭 빠져나온 바람
아직 진달래 피기까지
이른 봄 여울에 서서
멈춰진 시간들 가자고 재촉한다

해설

인간 생로병사(生老病死)의 휴머니즘 시

시인 김영곤 (행정학 박사)

코로나19 펜데믹이 종국으로 치달을 즈음 수향 이미순의 네 번째 시집 해설을 요청받았다. 뭔가 좋은 일이 있을 것 같은 기대 때문이었는지 총 5부로 쓰인 시편을 읽고 해설을 붙이는 시점에 거리두기 전면 해제라는 반가운 소식이 들렸다. 그럼에도 불구하고 왠지 개운치 못한 것은 바이러스가 완전 철수를 하지 않았다는 점이다. 존재론적 측면에서 바이러스도 존재라는 점에서 당연한 것인데 이를 간과했던 인간의 잘못을 애써 외면했던 것은 아닌지? 이에 대해 수향은 시를 통해 말하고 있었던 것이다.

이번 시집에서 수향 이미순 시인이 총 5부로 나누어 시편을 나열했지만 굳이 해설을 맡은 필자가 시편의 범주와 경로를 설정한다면 인간의 생로병사에 대한 시인의 휴머니즘적인 내면세계를 드러낸 시들이 주류를 이루고 있다는 점이다. 노장사상에서 말하듯 인간도 자연의 일부라는 점에서 생로병사는 인간이 자연스럽게 수용해야 할 삶의 줄기이다. 그러나 생명의 탄생과 병마의 고통, 그리고 노을처럼 저무는 인간사와 끝내 죽음에 이르러 초연해지는 것은 철학적 성인군자가 아니면 그리 쉽지 않은 것도 사실이다. 이와 같은 맥락에서 수향 이미순의 시는 평범한 인간이 일상을 통해 겪는 범인(凡人)의 이야기라는 점에서 누구나 읽고 감상하는 데 무리가 없는 정감을 선사한다. 시인이 정한 총 5부의 시를 몇 편 추려 해부해 보자.

먼저 사물의 생(生)에 대한 시인의 시편 중 필자의 눈에 들어온 2편을 풀어 보기로 한다.

타박타박
산길을 걷는다
걸음이 숲과 숲 사이에 길을 내고

초록빛 포화 높이
푸른 불꽃을 뿜어내며
수액이 도는 소리가 들린다
바람을 깨우는 푸른 숨소리
맑은 물 졸졸졸
무지개로 흐르는 계곡

산새가 노래하는 숲
초록으로 물든 신록
저기 먼 숲이 나를 부른다

「산길」 전문

혹자들은 숲을 일컬어 '생명의 숲'이라는 꾸밈의 말을 즐겨한다. 이처럼 숲은 고요하지만 생명이 살아 숨 쉬는 공간이기도 하다. 그런 숲에 인간이 걸어 들어가면 산길이 되는 것이다. 시인은 산길에서 살아있는 싱싱한 생(生)을 마주한 것이다. 산길에서 시인의 걸음은 숲과 숲 사이를 잇는 길을 내었고 신록의 숲이 그렇게 시인을 부르고 있었던 것이다.

다음은 「경칩 1」이라는 아래의 시를 감상해 보자

해와 비와 바람이 지나다
스치고 간 인연
잔설 마른 풀 사이로
살그머니 고개 내민 파란 새싹

산천초목이 잠에서 깨어나 싹트고
개구리가 동면에서 깨어나
귓전에 시원하게
울음소리가 와글와글

오늘은 경칩
골골이 퍼지는 미풍에
잠 깬 미물들
행복한 웃음소리 들린다

「경칩 1」 전문

「경칩1」이라는 위 시는 시인이 정한 제2부 '사계절에 이야기'에 등장하는 연시 중의 한 편이다.

경칩은 절기상 봄에 속하여 있으며 개구리가 겨울잠에서 깨어난다는 말이 전해지고 있다. 즉 계절상 봄이고 생명이 깨어난다는 점에서 인간 생로병사의 생(生)에 속한다. 해와 비바람이 스쳐갔던 자리마다 겨울잠을 깬 생명들의 행복한 웃음소리를 시인은 듣고 있었던 것이다.

위의 두 시편을 통해 생명의 탄생에 대한 희망과 삶에 대한 기대로 아름다웠지만 존재는 영원하지 않기에 늙어 감도 수용할 수밖에 없다는 것을 아래 두 편의 시를 통해 엿볼 수 있다.

> 윤기 흐르는 까만 머리
> 건강미 넘치는 뽀얀 피부
> 다 어디 갔을까
> 마음은 아직 푸르기만 한데
> 얼굴에 한둘
> 내려앉기 시작하는 검버섯
> 청춘의 심벌 빛나던 여드름
> 시간이 흐르면 스스로 사라지지만
> 죽음의 그림자인 검버섯
> 자꾸만 이사 와서 내 얼굴엔
> 씨족촌을 이루고 산다
>
> 「갱년기 1」 전문

인간의 일상은 동물과 달리 매일 거울과 마주하는 것이

다. 눈만 뜨면 자신의 매무새를 어루만지며 하루를 시작한다. 그런 어느 날 갱년기를 겪는 시인은 검은 머리에 흰 머리카락이 생겨나고 중년의 다리를 건너가면서 얼굴에 검버섯이 돋기도 한다. 시인은 이런 얼굴을 마주하며 죽음이라는 그림자를 소환하여 자신의 지난 삶을 되새겨 보는 것이다. 검버섯이 얼굴에 이사를 와서 씨족촌을 이룬다는 이 시의 종구는 영원하지 않는 존재에 대한 담담한 수용이긴 하지만 누구든 이러한 쓸쓸함을 피하긴 그리 쉽지 않을 것 같다.

딱 딱 딱
지팡이가 계단에 닿는 소리
혼자 지탱 못하셔서
나무 지팡이에 의지하는 할머니

험난한 세월
살 깊은 뼈마디는
모진 바람도 견뎠는데
이제 서로의 부딪칠 힘도 없이

딱 딱 딱
덧없는 세월의 소리
힘없이 휘청이는 소리
험하고 가팔랐던 생

지팡이에 기댄 할머니의
그림자가

세월에 밀려
뉘엿뉘엿 노을이 진다

「지팡이」 전문

위 시는 어떤 할머니가 지팡이를 짚고 힘겹게 계단을 오르는 것을 목격한 후 쓴 시이다. 언필칭 우리의 수수께끼에 나오는 사람의 일대기를 다리 개수에 비유한다면 탄생 후 네 발로 기어다니다 두 발을 딛고 일어서고 나중에 나이 들어 지팡이에 의지하면서 세 발이 된다는 것인데 물론 지팡이는 신체의 일부는 아니지만, 몸이 쇠약해지면 노인이 지녀야 할 필수품 같은 물건이기에 다리처럼 기대어 걷는 것이다. 시인은 세 다리로 걷는 할머니가 지팡이를 짚고 계단을 오를 때마다 세월의 소리를 듣고 또 휘청거리는 소리를 들었던 것이다. 그러면서 뉘엿뉘엿 노을같이 지는 인간의 삶을 못내 아쉬워하고 있다.

생명을 가진 존재라면 피할 수 없는 것이 병(病)이다. 일찍이 고타마 싯타르타는 생로병사를 깨우치기 위해 사랑하는 아내 야소다라를 버리고 왕자의 신분으로 가출하여 부처가 되는 길을 걸었다. 인간이 한 평생 고통 없이 살 수 있다면 신이 내린 축복이라 할 수 있겠지만 아쉽게도 신은 인간에게 그런 축복을 내리지 않았다. 만약 인간에게 병(病)이 없다면 사(死)도 없었을 것이다. 가변(可變)을 기대하며 영구히 살고 싶었던 중국의 진시황제가 불로초를 찾아다녔지만 신은 끝내 허용치 않았다. 생명체라면 누구나 겪어야 하는 병을 시인은 어떻게 받아들이고 있는 것일까? 아래의 두 시편을 통해 살펴보자.

방에 갇혔다
집에서만 자유로웠다
밖에 거리는 용서하지 않았다
앱을 깔아 감시는 눈을 번뜩였다

이틀은 게으름 피우며 낮잠도 자고
또 이틀은 장롱에 있는 이불은 죄다
꺼내어 빨고 옷장 정리도 말끔히 했건만
왠지 개운함 맛이 없다

햇볕 잘 드는 베란다 창가에 앉아
느긋하게 차를 마셔도
찻잔 속에 흐르는 시간
집안에 혼자인 나

마음이 무거운 탓일까
무슨 일이 일어날지 모르는
수수께끼 같은 생
봄 향기에 풀어 놓는다

하루해가 소리 없이 저물어가고
2주간의 격리가 끝나는 날
단단한 철장 속에 갇혀 벗어나는
꼭 죄수가 출소하는 기분

친구가 두부와 막걸리를 갖고 와서
다시는 갇혀 있지 말라며
봄밤에 주거니 받거니 얼큰하게 취해
히죽히죽 웃고 있지만

역병
온 세상이 코로나로 물든 삶의 뒤안길에서
어제도 내일도 아닌 지금 현재의
우리가 살아가는 존재의 이유다.

「격리」 전문

코로나19가 전 세계를 강타했다. 자유로웠던 인간의 일상이 하루아침에 구속을 받았다. 평소 아무렇지도 않게 받아들였던 소소한 자유를 바이러스가 발목을 잡았다. 마스크에 갇혀버린 사람의 얼굴, 사람과 사람 사이에 거리를 벌려야 하는 시간이 힘들고 고통스러웠다. 그렇게 피하고 싶은 코로나를 시인도 막아내지 못했다.

집안에 격리된 채 바깥 세계를 내다보며 한동안 묵혀두었던 이불을 꺼내 실없이 빨래를 하고 옷장을 정리하며 그리고 혼자 한가로이 커피를 마셔봤지만 이건 숫제 여유가 아니였다. 시인의 자유를 저당 잡은 것은 돌림병 코로나였다. 인간의 지대한 과학발전에도 불구하고 병마는 인간 속으로 끝없이 침투하고 있는 것이다. 인간에게도 존재 자체가 영원하지 않다는 것을 병은 쉬임 없이 보여주고 있는 것이다. 위 시 격리에서 시인 자신도 병이 다른 개체로 존재하는 것이 아니라 우리의 삶과 더불어 살아가야 하는 것이라고 말하고 있는 것이다.

피곤에 지친 몸으로
잠을 자려고 침대에 몸을 맡겼다
어두운 밤은
신음 소리를 내며 잠들어 있는데
잠이 오지 않는다

이 생각 저 생각에 뒤치락거리는
지난 일들이 꼬리를 물고 나와
긴 열차처럼 달리다가
사이사이 플랫폼처럼 멈춘다

나이가 먹으면 잠이 없는 걸까
머릿속에 온갖 생각이 다 모여
그 일과 그 장면이
클로즈업되다가 다음으로
오버랩되는 어두운 가을밤

밖에는 숨죽인 듯 고요하고
들리는 건 냉장고 돌아가는 소리에
달빛만 처량한데
잠은 오지 않고 몸만 뒤척인다

「불면증 2」 전문

시인에게 닥친 불면의 원인은 무엇일까? 딱히 '이것이 다'라고 꼬집어 말하기 힘들 것이다. 몸은 지쳐 피곤한데 왠지 혼자 잠 못 이루는 밤의 고통을 시인은 겪고 있는데 도무지 그 원인을 알 수가 없다. 시인이 일상에서 겪었던 일들이 잠을 잠식하여 오히려 밤이 잠들어 버린 것이다. 일종의 잡념이라 치부해 버릴 수도 있겠지만 이 또한 삶의 일부이기에 잠 못 드는 고통을 오롯이 감내해야 하는 불면도 병이긴 마찬가지다.

그래서 집안에 둔 냉장고 소리가 밤의 적막을 깨며 들려오고 달빛이 처량해 보이기까지 한 것이리라. 이젠 좀 내려놓고 살아야지 하고 스스로 마음 다잡지만 인간의 잡다한 상념을 그리 쉽게 놓아주지 않는 것 또한 일종의 병이라고 한다면 필자의 지나친 표현일까? 아무튼 생로병사는 인간이 비켜갈 수 없는 삶의 줄기이기에 부질없는 걱정과 상념이 시인에게 불면의 밤을 불러온 것이리라.

누구나 한 번은 가야할 최후의 길에 부딪히면 나는 어떤 상념과 마주하게 될까? 이 지구상의 수많은 철학자와 과학자, 의사 등 뛰어난 인재들이 연구하고 기록한 것을 다 들추어 보더라도 바로 이것이 정답이다. 하고 명징하게 정의 내릴 수 없는 것이 바로 사(死)에 해당될 것이다. 시인이 느낀 사(死)를 아래의 두 편 시를 통해 음미해 보자.

널 처음 만난 건
단발머리에 검은 세라복 교복 입은
꿈 많던 소녀였지
키가 작아 늘 같은 반 짝꿍
눈이 큰아이였지

그런데 뭐가 그리 바빴길래
이렇게 가지 않아도 될 때
먼 길을 혼자 떠나갔니
참 많이 너의 사랑 연애편지
내가 대필해 주었는데

시험공부 한다고 밤을 새우며
조잘조잘 이야기하며
해맑게 깔깔 웃던 그 모습
보고 싶은 얼굴
아직도 눈에 선하다

세월이 흘러도
너는 십 대의 꿈 많던 나의 짝꿍
기억의 테이프도 거기에서 멈춘 듯
나는 그때의 나이고
너는 그때의 너이건만

넌 우리 곁을 떠나갔지만
너를 알고 있는 모든 벗들
넌 참으로 애교 많고 잘 웃던
닮고 싶은 그런 친구였다는 걸
알고 있는 거니?

늘 그랬다 십 대에 우리들의
아름다운 추억이었다는 것을
친구야
편안히 쉬어라
그 높은 곳에서

「친구 1」 전문

이제 시인도 중년의 나이, 학창 시절 짝꿍이었던 친구를 먼저 떠나보낸 심정을 그려낸 위 시를 접하면 누구나 가슴이 먹먹해질 것이다. 친구와 함께했던 소중한 추억들이 마치 살아있는 존재처럼 선명해지는 것은 마음을 주고받던 짝꿍의 주검을 받아들이기 쉽지 않기 때문이다.

'세월이 흘러도 친구는 십 대의 꿈 많던 시인의 짝꿍이었고 기억이 거기에 멈추어 버렸는데 친구는 그렇게 홀연히 가버린 것이다. 장자가 사랑했던 아내를 떠나보내고 주검도 자연의 일부인데 어찌 슬퍼할 수 있으리오'라며 유유자적했던 모습과 위 시는 확연히 대비되지만 범인(凡人)은 성인군자가 아니라서 좋은 것과 싫은 것 기쁜 것과 슬픈 것을 솔직하게 드러내는 것이다.

이처럼 시인은 범인(凡人)의 마음으로 먼저 가버린 친구를 그리워하며 애석해하는 것이다. 그렇다고 수향 이미순의 시편들이 결코 생로병사에만 머물러 있지는 않았다. 코로나에 지친 일상을 시로서 위로하고 손주의 맑은 눈동자를 보며 행복해하는 마음 착한 시인이다. 그러면서 쉬임없이 자신을 성찰하며 스스로를 위로하고 꿈을 좇아 행복한 자아를 찾아가고 있는 것이다.

이른 아침 산책길에 오르니
샛노란 개나리 연분홍 진달래꽃
환하게 웃고 있다
산 벚꽃 꽃망울 한껏 머금고
꽃피울 날 기다리며

벚꽃나무에 앉은 직박구리의 재잘거림
쫄랑쫄랑 하늘 나며 지저귀는 종달새 재롱
소나무가지에 청솔모 먹이 찾아
이리저리 분주히 노니는 모습
파란하늘 바람에 떠도는 구름 보며
이 순간만은 세상사 고되고
힘든 일 잊을 수 있어
내 안의 작은 위로가 된다

「산길을 걸으며 2」 전문

이제 시인은 꽃이 웃는 모습과 새의 지저귐 그리고 청설모의 움직임이 행복한 산길에서 고된 세상사에 대한 위로를 받는다. 그리고 비로소 자유를 맞이한다.

벗어난다는 건
얼마나 기쁜 일인가
가슴 열어 웃음 지으며
나비의 날갯짓 소리
푸른 숨소리 새소리 듣는 일상
무덤덤하게 지나친 것들
갇혀보고 알 수 있듯이
새들의 날개 위에
들판 위에 들꽃 냄새
누군가 지나간 자리에 남는
냄새 같은 게 있다는 것
마음 놓고 맡아볼 수 있는 게 자유다

「자유」 전문

필자의 선부른 글로 시인의 시편을 해치지는 않았는지 모르겠다. 평범한 일상 속의 고된 세상사를 읊어낸 시인의 시가 많은 독자들로부터 사랑을 받길 바라며 이 글을 맺는다.

네 번째 나의 자서전

굴곡진 사이로 바람이 샌다.

지극히 평범한 것 중 평범한 것에 들지 못했던 그 시간 사이로 바람의 때가 묻어난다.

어디쯤에서 버렸는지 어디쯤에서 잃어버렸는지 도무지 알 수 없는 자아, 비어 있는 한구석이 오늘따라 이리 시리다.

봄바람이 분다. 잠시 머물다 지나간 바람 붙잡지 못한 것을 원망도 했다가 후회도 했지만 먼 훗날 세월 속에서 초라한 모습으로 나타나 사랑한다고 형체도 없는 바람에게 속삭인다 .

만추에 이르면 생의 마지막 불꽃처럼 차마 보내지 못하는 아쉬움으로 몇 날 밤들을 하얗게만 보내곤 하지만 코로나의 봄이 계속 될지도 모른다는 남모를 안타까움으로 중독되어 무심한 봄날은 제 서러움을 외면한 채 우리네 추억의 형상 위에 묵묵히 고독의 분진만을 올려놓는다.

눈물로 커가는 나이테 하얗게 늘어난 머리카락 수만큼 가슴의 껍질도 두꺼워지고 사랑도 때론 구멍이 뚫려 숭숭

바람이 새는데 그래도 죽어라 사랑한다는 그 말에 폭죽처럼 터지는 설레임 있어 봄날 한철 솜털에 날린 바람 한 자락 옆자리에 툭 던져놓고 가더라도 아~ 그 봄날 나도 사랑꽃씨 한 알 네 가슴에 묻어 오월의 향기처럼 조용히 내미는 손 있어 그 손 잡는다.

구속 안에서 자유를 누리며 늘 바쁜 생활에 지친 육신은 오고 가고 조심스레 한 발 한 발 다가오는 미래의 새벽을 안으며 비우지 못한 나의 쓴 잔은 또 새로운 도전을 준비한다.

오늘도 내일도 오색영롱한 꿈을 꾸면서….

2022년 임인년 오월에

바람의 음색
이미순 시집

2022년 6월 15일 초판 인쇄
2022년 6월 20일 초판 발행

지은이 / 이미순
발행인 / 강병욱

발행처 / 도서출판 교음사

03147 서울 종로구 삼일대로 457 수운회관 1308호
Tel (02) 737-7081, 739-7879(Fax)
e-mail / gyoeum@daum.net
등록 / 제2007-000052호

* 잘못된 책은 바꾸어 드립니다. 값 10,000 원

ISBN 978-89-7814-858-0 03810

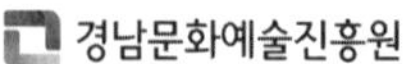

이 도서는 경남문화예술진흥원의 문화예술지원을 보조받아 발간되었습니다.